BREVES ESTÓRIAS DE
VERA CRUZ DAS ALMAS

DOMÍCIO PROENÇA FILHO

BREVES ESTÓRIAS DE VERA CRUZ DAS ALMAS

São Paulo
2015

global
editora

© **Domício Proença Filho, 2014**
2ª Edição, Global Editora, São Paulo 2015

    Jefferson L. Alves – diretor editorial
    Gustavo Henrique Tuna – editor assistente
    Flávio Samuel – gerente de produção
    Flavia Baggio – coordenadora editorial e revisão
    Deborah Stafussi – assistente editorial
    Fernanda B. Bincoletto – revisão
    FotoBug11/Shutterstock – foto de capa
    Eduardo Okuno – capa e projeto gráfico

Obra atualizada conforme o
NOVO ACORDO ORTOGRÁFICO DA LÍNGUA PORTUGUESA.

CIP-BRASIL. CATALOGAÇÃO NA FONTE
SINDICATO NACIONAL DOS EDITORES DE LIVROS, RJ

P957b
2. ed.

    Proença Filho, Domício, 1936-
      Breves estórias de Vera Cruz das Almas / Domício Proença Filho. – 2. ed. – São Paulo: Global, 2015.

    ISBN 978-85-260-2205-8

    1. Poesia e conto brasileiros. I. Título.

15-22313   CDD: 869.91
                                   CDU: 821.134(81)-1

---

global editora

Direitos Reservados

global editora e distribuidora ltda.
Rua Pirapitingui, 111 – Liberdade
CEP 01508-020 – São Paulo – SP
Tel.: (11) 3277-7999 – Fax: (11) 3277-8141
e-mail: global@globaleditora.com.br
www.globaleditora.com.br

Colabore com a produção científica e cultural.
Proibida a reprodução total ou parcial desta obra sem a autorização do editor.

Nº de Catálogo: **3817**

SUMÁRIO

Estórias do país do carnaval – Letícia Malard 9

Vera Cruz das Almas 17
Ambiência.. 18
Tempo: 20
Discriminação 21
Nick 22
Réquiem 23
Desejo reprimido 24
Amor de mãe 25
Parricídio 26
Preconceito 27
Divórcio 28
Rito doméstico 29
Opção.. 30
Rubicão do Agreste F. C. 31
Lacaniana 32
Oração.. 33
Juízo crítico 34
Diacronia infantil 35
Bem-aventurados 36
A missão 37
Sinal do tempo 38
Apelo ortograficamente dramático 39
Sermão de maio 40
Percalços da popularidade 41
Juízo Final 42

Jargão e fé	43
Colégio-padrão	44
Controle de trânsito	45
Música ao vivo	46
Vis mea in labore	47
Aprendizado	48
Vingança	49
Terapia de choque	50
Comunicação	51
Ladainhas de maio	52
Ata do Conselho de Cultura de Vera Cruz das Almas	53
Edipiana	54
Caridade	55
Vanitas	56
O poder das palavras	57
Sutilezas do amor	58
Gestual	59
Feira do livro	60
Bons costumes	61
Heureux tropiques	62
Assunção heroica	63
Zelo materno	64
Cumplicidade	65
Administração escolar	66
O meio é a massagem	67
Para além da vanguarda	68
Lugar-comum	69
Encontro	70
Neorrealismo	71
Paixão	72

Samaritana	73
Surpresa conjugal	74
Contraponto	75
Voyeur	76
Plataforma eleitoral	77
Argumento	78
Zelo familiar	79
Retratação	80
Descoberta	81
Objetividade	82
Primeira comunhão	83
Evoé, Momo!	84
A arte que é permanece	86
Círculo vicioso	87
Alegria, alegria	88
Trabalho e realização	89
Impropriedade	90
Filhos de papel	91
Opção de trabalho	92
Espírito público	93
Surrealismo	94
Amigos, de longa data	95
Frustração artística I	96
Frustração artística II	97
Eterna juventude	98
Ut eclesia parnassus	99
Congresso de psicanálise	100
Juventude	101
A entrevista	102
Poder de síntese	103

Autoafirmação	104
Curriculum vitae	105
Pérolas do pensamento de Toríbio Torto, o sabedor	106
Bruxaria	107
A casa de dona Neném	108
Dois poemas marginais	109
Um texto exemplar	110
Índice cultural	111
Universidade é pesquisa	114
Novos pensamentos de Toríbio Torto	115
História da literatura veracruzalmense	116
Graves momentos	119
Pensão São Francisco	120
O dia de Vera	123
Libações	124
Ladainha de maio	125
Palestra-debate	126
Debates	127
Arte de gênio	128
Esprit de corps	130
A glória que fica	131
Fratura	132
Os tempos	133
Sobre o autor	135
Obras publicadas	137

Estórias do país do carnaval[1]

As *Breves estórias de Vera Cruz das Almas*, ou melhor, brevíssimas estórias, constituem-se de pequenos quadros do cotidiano de uma cidade imaginária – Vera Cruz das Almas – e podem ser lidas como minicontos ou poemas curtos.

Essa leitura torna-se possível devido ao elevado grau do trabalho com a linguagem em seu despojamento e capacidade de síntese, de acerto na utilização da palavra exata para expressar situações vividas no dia a dia das mais curiosas personagens veracruzalmenses. Situações marcadas pelo humor, pela ironia, pelo jogo intertextual, pela paródia e, principalmente, pela construção de um discurso literário que se discute através dos limites fluidos entre o lírico e o épico num contexto de pós-modernidade.

Se, por um lado, várias dessas 110 estórias remetem aos poemas-piada dos primeiros modernistas (e aqui lembro os de Manuel Bandeira), por outro remetem também às irreverências poéticas de um Leminski. Se, do modernismo de 1922, Domício Proença traz para o jogo intertextual as *Memórias sentimentais de João Miramar*, de Oswald de Andrade, texto exemplar de poesia ficcional, traz também todos os jogos possíveis nos termos do pós-moderno de 1980. Mas nas *Breves estórias*, Domício não está entre os escritores mencionados. Como professor de Literatura, ele sabe das coisas. Com originalidade, criou o seu texto pessoal, carnavalizando outros textos, em insistências lúdicas invejáveis. "Carnaval é Cultura", diz o personagem Raulino, da estória "Evoé, Momo!".

Falei do discurso literário que se discute em todo o livro. No texto de abertura, título da obra, lê-se: "Vera Cruz vive na fratura e na dobra do

---

1 Texto publicado no Suplemento Literário do Jornal *Estado de Minas*, em 1991.

discurso. [...] A essência da vida mora na linguagem." Dois textos adiante, indaga "que é escrever/ senão habitar espaços sadios da loucura?". Esses espaços começam a ser preenchidos a partir das titulações dos minicontos seguintes, onde sanidade e loucura se articulam psicanaliticamente: "Réquiem", "Desejo reprimido", "Amor de mãe", "Parricídio", "Lacaniana", "Diacronia infantil". A sanidade dos títulos se desfaz na loucura dos assuntos tematizados – fratura do discurso. Essa fratura atinge o máximo de carnavalização quando a mestra em Letras pontifica no congresso de Literatura que o verso mais bonito da poesia atual brasileira é o de uma música popular: "A gente somos inútil". Ou ainda quando os universitários fazem o apelo de "Mais verbas para a *Educassão*".

Esses poucos exemplos dão conta da vida de Vera Cruz das Almas, vida que, em última instância, metaforiza a do Brasil de hoje, sob vários aspectos, além de muitos outros: o distanciamento entre teorizações científicas e políticas e as situações reais e concretas dos indivíduos, vividas em prática. A inutilidade do beletrismo opondo-se à angústia e aos tropeços do fazer literário. A fetichização da arte em geral, à deriva de grupelhos e igrejinhas que acabam por transformá-la em objeto de contracultura. Em resumo: faturas e fraturas – a maior bipolaridade desta Vera Cruz das Almas, dessas almas de Vera Cruz a que chamamos Brasil, país do Carnaval. Tudo isso narrado e/ou poetizado sob o signo do riso, do humor branco-negro, conduzindo o leitor a pelo menos duas atitudes: divertir-se com o autor e suas personagens, acabando mesmo tudo em samba; ou fraturar-se, como o menino do penúltimo texto, "Fratura": Saiu de Vera Cruz "Muito aprendeu, muito conviveu, mas esquecer jamais". E voltou. Talvez para fazer jus à conclusão da estória "Plataforma eleitoral":

"Se você não aguenta mais isto que está ai, se você quer realmente mudar (Terminou o horário de propaganda eleitoral gratuita)."

Letícia Malard

Para Junior
e Adriano,
cúmplices.

E para Flavinho.

Esta é uma obra de ficção. Qualquer semelhança com fatos, pessoas vivas ou mortas, lugares ou denominações resulta de mera coincidência.

BREVES ESTÓRIAS DE
VERA CRUZ DAS ALMAS

Vera Cruz das Almas

Não está nos mapas. Nem nos guias de turismo.
E, no entanto, existe. Como qualquer bruxaria,
como qualquer texto.
Gente, vento, vida.
Fatos, sentimentos, sofrências, querências
e, em tudo, um sabor familiar amargo e doce.
Semelhança com o real imediato, com qualquer
obra de ficção, romance-reportagem, pessoas vivas
ou mortas, se encontrada no espaço dessa fala,
habita a casa da coincidência,
como nas novelas, nos contos, filmes e romances.
Vera Cruz vive na fratura e na dobra do discurso.
Estas notícias fazem seus limites
e sua consistência.
A essência da vida mora na linguagem.
Quem convive com as coisas de Vera Cruz
cultiva essa certeza. E usufruirá. Sempre.

Ambiência

Deve-se imaginar, em função das estórias.
Se a imaginação não conseguir superar a
necessidade do referente concreto,
pode-se situar a ação, conforme o caso,
nos seguintes espaços:

Ruas estreitas, de saibro branco, batido.
Quatro principais, paralelas,
com alguma irregularidade.
Um sem-número de transversais,
todas conduzindo, nos seus limites,
a longas faixas de praia,
de variada paisagem.
Amendoeiras de vasta copa, bougainvilles,
ou, se você preferir, primaveras,
de variegadas cores, acácias, flamboyants,
vermelhíssimos, nas flores, fartas.
E coqueiros, muitos, escultóricos.
O Hotel. Miramar, naturalmente.
Jardins e muitas praças. O morro. Aliás,
dois morros: o do Marechal e o do Almirante,
que ninguém nunca soube quem foram.
Casas antigas, telhados rubros, passarinhos,
gatos, galinhas, patos e perus.
E os cachorros, íntimos. Todos
conhecidos de todos, pelo nome.
Um para cada três moradores.

O Grêmio, a Escola, o Cenáculo, sede da AVL.
A Casa de Dona Neném, ali atrás da padaria nova.
A padaria antiga, obviamente.
E a Casa das Sidras.
Na dobra da esquina central, o Parque, e no Parque
a Fonte, e na Fonte a estátua, molhada:
A Primavera, nua, a derramar pétalas de uma
cornucópia. Ao pé, a inscrição:
Amai e protegei as águas, as árvores e os pássaros.
A Igreja da Ponte.
As Barcas, o Campo, o Viracanto.
A Igreja do Campo.
A redação de *O Espírito Veracruzalmense*.
O Mar, a Lua, as Ardentias.
E, sobretudo, a alma das gentes.
Faz sol, faz chuva e faz neblina.
Venta, sempre, e faz tristeza, faz alegria.
A vida flui, ao ritmo das marés. E da TV.

Tempo:

De memória. Logo, fundamentalmente, psicológico.
Eventualmente, psicótico: que é escrever senão habitar espaços sadios da loucura?

Discriminação

De repente, na manhã da comunhão, a primeira, a mãe se deu conta de que faltava o lírio.
Corrida aflita à feira de domingo, ao jardim de dona Aurora, à casa do Português, o menino quase em desespero. Como chegar sem flor à Santa Mesa? É tarde. Já não há lírios brancos nessa praça, perdida nos longes afogados da memória. Enfiam-lhe na mão um símbolo vazio, discriminatório, o não lírio: um reles copo-de-leite, mediocremente liso. Ei-lo sozinho e único nessa ceia, rejeitado de Deus na multidão dos portadores de lírios, puros, perdoados. Uma profunda culpa inundou-lhe o coração-criança. Faltava-lhe o sinal dos escolhidos. E por toda a vida carregou o corte doloroso e fundo dessa amarga frustração.

Nick

Já não latia mais.
Deu pra se esconder nos cantos, embaixo da cama.
De repente, recusou-se a beber água.
Apertei o gatilho e inaugurei a minha solidão.

Réquiem

Por que Dona Mercês o tirava do futebol
justo na hora em que esperava o passe para o gol?
Por que falava manso, cuidadosa,
dizendo pra não assustar a mãe, muito nervosa?
Jacarepaguá ficava muito longe
para ser realidade.
Por isso aquela notícia tinha que ser falsa.
Não seria a primeira.
Vai ver ele fugiu de novo do hospital.
Daqui a pouco chega em casa, falando como sempre.
Só acreditou na hora do enterro.
E chorou pra dentro, seco, sem lágrima.
Forte. Como o pai gostava.

Desejo reprimido

Falava manso e manso. Do recôndito dos seus quarenta anos.
Voz de alcova.
Complexos, frustrações, viagens. Silêncios.
A frase cortou a sala, navalha afiada:
– Preciso de um homem, no sentido macho da palavra!

Amor de mãe

Mais um aviso da delegacia:
– Ou a senhora dá jeito no seu filho
ou temos de mandá-lo para o Juizado de Menores!
Os olhos preocupados negavam as palavras:
– Doutor, me ajuda, não aguento mais! Esse menino
só deu prazer no dia em que foi feito!

Parricídio

Cedo apanhara o menino.
Agora, na praça, a vida esquecida
no jogo da bola feliz.
De repente, a noite.
A alegria brincava nos olhos do filho,
as mãos abraçadas no percurso.
A ex-mulher, fulminante, ratificou o divórcio,
fraturando o dia:
– Francamente! Isso são horas? Você quer matar
essa criança?

Preconceito

– Pois é, Dona Emerenciana. É o que eu estou lhe dizendo. Meu tetravô era realmente holandês. Mas, a senhora veja, apaixonou-se por uma africana – linda! – Então, eu assim, loura, olhos verdes, mas como me orgulho do meu sangue
negro!
– Então, vovó? Escolhi bem?
– Serve pra você não, meu filho! Tem racinha...

Divórcio

Volta da audiência. Os ombros leves.
De repente, no apart-hotel, o cérebro vazio.
Nenhuma expectativa para o imediato, descobre
o espaço para além da ausência da mulher
de outrora:
– amar é permitir ao outro
o exercício da fantasia...
Nem percebe a sutileza da lágrima
na solidão do rosto.

Rito doméstico

O galo ciscava no círculo de giz.
Emplumava, solene, o seu canto de guerra.
Caminhava, indiferente, o seu todo-o-dia, lorde.
Atendia alegre ao chamado – tchi, tchi, tchi – e
comia do milho na palma da mão.
Bebia da água e erguia o pescoço pedrês e longo,
imagem da felicidade.
O galo costumava avermelhar a crista e engalanar
as penas rubras e pretas da cauda, festa, ao vir
das galinhas.
Acabou na panela, sem dor e sem lágrima.
Aquele galo era um bicho caseiro. Não era uma
relação.

Opção

– É o que lhe digo, minha filha!
O 44 não é mais aquele não!
Não está dando pra aguentar! Essa vida de cã,
lavar, passar, cozinhar, cuidar dos filhos, tudo bem,
é sina. Deus quer, a gente leva... Agora, só com papai-mamãe
de quinze em quinze dias é dose! Não dá mais pra segurar não!
Eu vou à luta!

Rubicão do Agreste F. C.

– Cheguemo. Ganhemo. Vortemo.
E fiquemo esperano a revancha.

Assim falou Pé-de-Nuvem, capitão da aguerrida equipe futebolística de Vera Cruz, depois do antológico embate com as forças do Time do Logucedo.

Lacaniana

– ... aí, Ednardo,
apareceu aquela estante imensa,
avassaladora, com uma falha na pauta;
não sei por quê, me veio à lembrança
– coisa estranha, não? – a folha da pita,
aquela da minha infância, de que já falei tanto
neste sofá, você se lembra, não?
pois é, aquela folha, e com ela, no bico,
num lago de águas agitadas,
passeava um patinho feio... o filho da pata...
44 nunca mais voltou ao consultório.

Oração

Cinco aninhos, cara de anjinho barroco,
a mão apoiada na segurança da avó,
os olhos preocupados sofrem as dores do Cristo,
na cruz do sacrifício:
– Vó, quem foi que botou
esses pregos nas mãos e nos pés dele?
A surpresa retém por instantes a palavra
da experiência emocionada:
– Foram os malvados, minha filha,
os malvados!
– E não dá pra tirar os pregos
e botar um bandeide?
Um leve sorriso floresceu nos lábios do Senhor.

Juízo crítico

Autógrafos na praça.
Do alto dos seus onze anos vestidos de escola pública, inquiriu o escritor, os olhinhos carregados de brilho admirador:
– Foi o senhor mesmo que escreveu esse livro? Gozado! Por que é que por escrito o senhor não ri nem um pouquinho?

Diacronia infantil

Céu de outono.
A nuvenzinha cinza disse
para a nuvenzinha branca:
– Hoje chovo eu, amanhã chove você.
E inaugurou a pessoalidade do verbo.

Bem-aventurados

Maltrapilhos, trôpegos no deserto da madrugada.
O homem, adiante, tropeçando
nas palavras rotas.
A mulher, abrigada nos desvãos dos seus silêncios.
A miséria solidária.
De repente, o jardim cresceu no meio da calçada.
Um leve vacilar, e a decisão do braço.
A mão colheu a flor recém-nascida:
Feliz aniversário, o homem disse.
E a manhã se iluminou nos femininos olhos
fatigados...

A missão

Oitenta anos. Quarenta de partido, sofrência, lutas,
cadeias.
Na praça engalanada de dourado e verde,
o primeiro, diante do palanque,
a voz embargada de emoção:
– O povo/unido/jamais será vencido...
À noite, a televisão mostrou a data da eleição,
direta.
Fechou os olhos, sorriu e foi votar na pátria
da Eternidade.

Sinal do tempo

A mestra em Letras, luminar da intelectualidade
veracruzalmense, passeou os olhos extasiados
sobre o auditório repleto do congresso de Literatura
e não fez por menos:
– Olha aí, pessoal! Não tem Drummond, não tem
João Cabral: o mais belo verso
da lírica brasileira contemporânea
vem da nossa grande música popular:
"A gente somos inútil!" Eu me amarro nesses meninos,
uau!

Apelo ortograficamente dramático

Mais verbas para à Educassão!
O Encino está falindo,
a universidade preciza de apoio!
Reformas já!
Pesquiza, encino, ação comunitária!

(Texto atribuído aos estudantes de Vera Cruz das Almas, segundo eles apócrifo, obra de agentes de informação infiltrados, a fim de desmoralizar o Movimento.)

Sermão de maio

As palavras dançavam, subiam, baixavam, congregavam todos os pecados, todas as culpas, todos os castigos: as penas eternas desabavam sobre todas as cabeças, sobre todas as almas pequeninas e acossadas diante do verbo de Padre Cavalcanti. O pior era o indicador em riste, espada a apontar, junto com a frase-guia, na direção da magreza frágil de Reginaldo, compungido no banco frontal ao púlpito de parede:
– Foste tu quem mataste o Cristo!
Ao lado, risinho de mofa no canto dos lábios, o companheiro de muitos anos, a tranquila e redonda figura de Zé das Couves, José Martiniano da Silva e Flores, beato da melhor beataria.
No momento-clímax, sob a mais terrível das condenações, já no âmbito do juízo final, o indicador agudo lançou de novo as palavras-dardo sobre a desprotegida fé do Reginaldo:
– FOSTE TU QUEM MATASTE O CRISTO!
Era demais. A voz, espremida de terror, cresceu em ânsia e desespero:
– Não fui eu não, seu vigário! Foi Zé das Couves!

Percalços da popularidade

João Grande deflorou à força a filha de Austiclínia. Foi detido e mandado para o presídio central. Do seu feito e do seu jeito muito se falou em todas as esquinas, em todos os bares, em todas as praias, entre risos e persignações.
João Grande voltou herói depois de poucos meses. E foi presença assídua em camas casadas e solteiras dos mais variados segmentos sociais da comunidade local.
Tanto pôde o tamanho do mito, além do rito!

Juízo Final

E lá vai Padre Manolo, mercedário espanhol, a costurar seu sermão na nova língua urgente, aprendida do sacristão Seu Manezinho Bento: *narratio, argumentatio*, na melhor tradição da oratória clássica. E vai muito bem: lê-se na compunção e pânico das faces beatas do primeiro banco.
Ouve-se, nítido, o voo de uma mosca nos silêncios certeiros dessa fala. O pregador se inflama. E chega, rubro de emoção e entusiasmo, ao instante da *peroratio*:
... e então, naquela hora grandiossa, o Senhor começa a separar o xoio do trigo. Os bons, meos caros ermaos, os bons ficam com Ele e a Seo lado. Agora os maos, os pecadores, os filhos do demônio, os sacripantas, essos vao para o fogo eterno, para o tridente de Lucifer, para o chumbo fervente das caldeiras infernais, vao sentir o gosto amargo da Dor e da Desgraça, e gritarao e bai haber muitcho lhoro e ranxer de dentes... Poxa, meos ermaos, no es mole nao!

Jargão e fé

E no meio da missa, Padre Manolo,
ainda pouco familiarizado com a nova língua,
tropeça no vernáculo e a frase desaba
sobre os fiéis entre perplexos e estarrecidos:
– Como es, pessoal, bamos ou no bamos soltar aí uma graninha
para as obras da igrexa?
O saquinho de feltro nunca ficou tão cheio...

Colégio-padrão

– Terra com letra maiúscula!!!
(Fazia questão. Punia severamente quem minusculizasse o planeta. Com privação de saída.)
O silêncio apavorado dos alunos abrigava a insuportável realidade: era um péssimo professor de Geografia.

Controle de trânsito

Quarenta anos alimentados de carências.
Na solidão do sábado, o amplo espaço do desejo.
Do alto do edifício, olha a rua.
Só, o guarda de trânsito povoa o árido deserto,
último dos homens.
Liga o toca-fitas.
Deita-se no sofá, verde. Nua.
Libera a mente. Relaxa. Lânguida.
As pernas do policial dançam frenéticas,
rígidas.
As mãos deslizam suaves no caminho
do mistério.
Demoram-se, asas.
Suave crispação, um leve frêmito, paraíso.
E a paz volta a reinar nas águas da alma leve.
Longe, a música de um apito prolongado
reinaugura o trânsito da vida.

Música ao vivo

Acolhe o microfone. Com as duas mãos,
num abraço.
Cuidadosamente, suavemente.
A música flui, leve cortina transparente.
Os dedos deslizam, em toda a extensão da peça,
quase viva.
O lento movimento acelera o ritmo.
O corpo sinuoso participa inteiro, iluminado.
Mil olhares famintos o devoram.
As notas sucessivas desesperam.
A boca em arco se aproxima plena.
Não dá mais pra segurar:
explode, coração!

Vis mea in labore

Manhã morna de segunda-feira.
Lá vai Toríbio Torto, o carrinho de mão
carregado de bananas. Pão de todo o dia.
– Ei, Toríbio, quantas dúzias? Compro todas!
– Vendo não, me desculpe. Nem não são dez horas.
Vossemecê leva tudo e que é que vou ficar
fazendo o resto do dia? Vendo não!

Aprendizado

Meia dúzia de paus, o cordão, a habilidade:
arapuca.
No bosque agreste, o mar de cajueiros. Ninhos
de juriti.
Sol-se-pondo, a subida no mato, a armadilha.
Sonho livre de asas e arrulhos, festa.
Manhãzinha, o café apressado, a corrida,
a surpresa: cinza-prata ciscava a pomba na
estranheza do cercado.
O gesto cuidadoso empalma a presa, o sorriso feliz.
E o golpe rápido: a torção violenta da cabeça.
O leve estremecer da vítima e a garantia
da lauta refeição.
Era a primeira pomba, apenas raiava sanguínea
a fresca madrugada.

Vingança

Soube da Outra, assim, de repente.
– Cachorro!
Não teve dúvidas: na frente da casa dele,
o carro na calçada, escreveu sua ira a ferro e
lâmina e relaxou.
Santo, o homem entendeu a tragédia. Lúcido,
assumiu o silêncio dos vencidos e a despesa
dos reparos.
Quando se encontraram viveram a melhor noite de
amor de sua vida comum,
que já durava três longuíssimos anos!

Terapia de choque

Não conversava mais. Nem com os amigos do Viracanto,
no todo-o-dia do jogar conversa fora.
Já não ia nem ao futebol, torcida desvairada.
Finava, a olhos vistos.
Depressivo. Calado. Terrivelmente.
A esposa, que remédio, conformada:
– pois é, minha filha, é meu carma...
O impulso de lucidez levou-o ao médico:
– Seu caso é simples, seu 44, é só preciso procurar
mulher para variar de prato, se é que me entende...
Entendeu. Morreu no sanatório, esquizofrênico.

Comunicação

Adônis diante do auditório exclusivamente feminino,
o poeta,
orgulhoso de si mesmo, anunciou:
– Falo...
A plateia não se conteve mais de tanta excitação,
e desnudou-se inteira.

Ladainhas de maio

A festa programada, a música, as guirlandas,
a quermesse, o leilão, as prendas.
Matilde afinara a voz e o órgão da Matriz.
Os santos anjos escolhidos a dedo
preparavam asas.
As beatas bordavam conversas, sobrepelizes, mantos.
Mas quem coroaria a Virgem, ao som dos cantos?
A filha do Zé português, naturalmente.
(Uma semana de ladainhas e toda a ornamentação do templo e de quebra dez caixas do melhor porto de seu armazém de secos e molhados? Seu vigário era justo, justiça se lhe faça!)

Ata do Conselho de Cultura de Vera Cruz das Almas
(excerto)

Por proposta do nobre Conselheiro, foi aprovado à unanimidade voto de pesar pela morte dos escritores que foram escrever no campo santo nos últimos dois meses. Foi aprovado, outrossim, com recomendação expressa de comunicação imediata a Sua Santidade, voto de louvor ao Papa pela excelência do seu exercício como campeão do pastoreio de almas no mundo contemporâneo. E nada mais havendo a tratar, lavrou-se a presente ata que, lida e julgada conforme, foi assinada por todos os presentes.

Edipiana

– Dona Raquel, é verdade aquilo que a senhora escreveu
no seu livro? Que a senhora, vez em quando,
tem raiva de ter tido seu filho?
– É, eu também sou humana...
Mas é só na hora da raiva mesmo...
– É verdade também que a senhora adora
escrever sem usar roupa de baixo?
– É, meu filho: e não é só para escrever não; eu gosto sempre!
– Dona Raquel, a senhora é minha mãe!

Caridade

Os charutos iluminaram os múltiplos sorrisos aglomerados em torno das tulipas do melhor chope, na manhã domingueira de Vera Cruz. A alegria bailava nos rostos solidários. Primeiro filho! E homem!
A negra gorda parou, olhos e mãos estendidos, no peito pendurado o fruto murcho de sua última entrega. O silêncio repentino não durou mais que alguns segundos. O homem, comovido, restaurou-se com uma rápida e vadia nota de dez reais, que lhe passou, sem dirigir-lhe o olhar, e um remorso enorme se desenhou por instantes na expressão de todos.

Vanitas

Do alto dos seus oitenta anos e de todas as glórias
nacionais e internacionais, o Grande Homem sofria
a obsessão de uma ideia fixa:
Quantas pessoas acompanhariam o seu enterro?
(Por via das dúvidas, contratara uma equipe especializada
para garantir os convites e a excelência das cerimônias.)

O poder das palavras

Os jornais publicaram o conto.
Uma denúncia. Corte fundo no tecido social,
a chaga exposta da miséria, o ódio, a fome.
Na mentira da arte, a dura verdade da vida.
Mil mensagens solidárias lotaram a redação.
E garantiram o emprego do contista,
o seu *status*, a sua cobertura.
Incalculável a força mágica da arte literária!

Sutilezas do amor

Seios capazes de prender dois lápis
na curva da base.
Olhos empapuçados, rosto irregular,
queixo pontiagudo, um leve tom amarelo-pálido
indisfarçável.
Até aí, vá lá; a beleza do sapo é a mulher dele.
Mas ao falar, os toques cacofônicos,
os barbarismos léxicos, semânticos, sintáticos
fatalizavam a sentença, inexorável:
– Um breve contra a luxúria!

Gestual

Por incrível que pareça, quem mais sabia das
coisas,
quem era dono dos mais ricos fuxicos e comentários
de Vera Cruz
era o Mudo, vendedor de peixes!

Feira do livro

– Então, como é que eu estou, depois de tanto tempo?
– Você já ouviu falar desse livro sobre lipoaspiração? pois é...
– Virou-lhe as costas, literalmente furibunda!

Bons costumes

"A partir desta data, ficam as alunas proibidas de frequentar as dependências do Colégio usando apenas sapatos que deixem ver os pés nus. A medida visa evitar que se desperte a concupiscência dos senhores professores."

(A diretora do educandário veracruzalmense foi internada no dia seguinte e nunca mais saiu da Casa de Saúde, onde passou a viver sempre nua, de sapatos fechados, diante do espelho.)

Heureux tropiques

Inda resta uma esperança:
Vamos ser quintal da França?

(Desabado de Zé com Fome, candidato das esquerdas,
derrotado nas eleições para a prefeitura
de Vera Cruz.)

Assunção heroica

De repente, quebra o espelho o clarim estridente
dos quarenta anos, ali, na cara. Um breve baque
e logo o empertigar-se, altiva e forte:
– tem problema não: vou fazer uma plástica
amanhã mesmo!

Zelo materno

Tensa. Nos olhos, a sobrecarga da pequeno-
-burguesia.
Lançou na mesa a sentença, inapelável:
– Nem mais um dia nesse colégio!
– Mas sua filha, excelente... Por quê?
– Por causa daquele livro!!!
– ?
– Aquele, que tem uma índia muito da sem-vergonha,
que passa o tempo todo nua
na floresta, em atos indecorosos com aquele português
mais sem-vergonha do que ela! Um merece bem o outro!
– Mas isso é *Iracema*!
– É esse o nome da despudorada!
Saiu em fúria. Qualquer contra-argumento
resultaria inútil.
Alencar voltou a morrer no silêncio do seu túmulo.

Cumplicidade

Manhã solar, na praia.
A voz chegou sorrateira e macia aos seus ouvidos
de banhista madrugadora, madura e atenta ao desavisado
turista, adormecido na areia fina:
– Oi, irmãzinha! Tudo joia? Repara não, fica fria, que a gente vai
aliviar ali aquele gringo. Ele merece: eles têm tanto, são cheios do
dólar, e a gente aqui, sempre a perigo...
Gelada, assistiu impassível à operação-alívio e ainda correspondeu
ao piscar de olhos conivente, cumprimento agradecido do comparsa.
Dia seguinte, reiniciou seu processo de análise.

Administração escolar

Carregava no peito a perna atrofiada
e uma ternura ampla e irrestrita, aberta.
Os alunos do Jardim deram para imitar-lhe,
felizes e orgulhosos, o andar dançarino
e sincopado.
Os cuidados maternos, divididos, vacilavam
no percurso.
A direção, zelosa, despediu-a,
no limiar das férias de dezembro.
Nas festas natalinas, o Diretor recebeu
a Medalha do Mérito Educativo.

O meio é a massagem

Depressiva. Olho no espelho: um lixo.
Sozinha, no escuro.
Nenhum impulso, nenhuma vontade.
No relógio, a angústia, densa.
De repente, no descaso da leitura fugaz,
agudizou-se atenta frente à crônica:
Mulher mulher.
Era isso, era aquilo, era quando.
Acreditou.
E passou a telefonar para o cronista,
que mudou inutilmente de telefone quarenta
e cinco vezes.
Casaram-se depois do divórcio do escriba
e viveram felizes para sempre quarenta e cinco meses.

Para além da vanguarda

Desesperado diante da folha branca,
molhado do suor da desinspiração,
sem encontar palavra, espaço,
silêncio ou objeto,
só encontrou uma saída criadora:
ficou nu, na Praça da Poesia.

Lugar-comum

Olhos nos olhos,
corpo no corpo,
tocou-a, manso,
tocou-o, leve
e penetraram no segredo
do mais fértil e belo de todos
os mistérios
para além de todas as palavras.

Encontro

Prontos um para o outro.
Como duas mãos que se aproximam
abertas e alertas
os dedos sem conflito
ou farpas pontiagudas:
duas mãos que se abraçam duradouras
e se fundem num laço inarredável
para além de arestas e falésias,
seguras, eternas, carregadas de ternura.

Neorrealismo

– Mãe, marcamos bobeira, eu e o Rick:
de repente, fiquei grávida. E agora?
– Ou ele pede a tua mão, ou joga fora...

Paixão

E o que restou de todo aquele desvario
foi o sabor acridoce em sua boca
a lassidão da alma
cristais na pele mansa
e a lembrança fugaz de algum perdido paraíso...
A manhã recomeça, insatisfeita
e só.

Samaritana

Roupagens amplas, cores feitas de espanto,
vermelho, roxo e amarelo.
De branco, a fita nos cabelos. Adorava.
Mariana da Casa das Sidras assumiu o modelo
e nunca o abandonou dos quinze aos sessenta anos
de vida povoada de muitos homens.
Um carnaval de mulher superlativa.
E todos os varões da terra, de alguma forma,
haviam participado da festa,
em preito de vassalagem.

Surpresa conjugal

Alto, negro, massa de músculos.
Estranhou a figura, inusitada no curso da manhã.
Correu, andou, cansou, voltou à casa.
Mal pôde refazer-se da surpresa.
A figura, na cama do seu quarto, nu,
o dorso luzidio,
cobria de palmadas ritimadas
as fartas nádegas e a madureza
da mulher com quem casara há tantos anos.
Positivamente não entendia de estética...

Contraponto

– Chuva estranha, hein doutor...
– É verdade. E das criadeiras...
– Sabe, não é bom dia pro trabalho da gente. A rua fica cheia de motorista de fim de semana, uns empata-trânsito! O senhor vê, saí do lanterneiro hoje. Carro parado, na frente da padaria. Uma porrada só, afundou a porta aqui do meu lado. Uma kombi. Eu não vi. Seiscentas pratas! Mas o seu Manuel padeiro foi legal. Entregou o cara. Tinha pago a despesa com cheque. Endereço no verso. Fui lá. Na casa dele. Numa boa: – doutor, negócio seguinte... Sabe que negou, o filho da mãe? E inda disse que não tinha tempo pra jogar conversa fora, o senhor já viu? Mas tudo bem, meu chapa, o bom cabrito não berra...
– É isso aí, companheiro. Infelizmente está assim desse tipo de gente na nossa cidade. É só violência que a gente vê por todo o lado. Um absurdo!
– ... mas não deixei passar não. Guardei o endereço dele. De madrugada, fui lá, com meu filho, garoto legal. Rua deserta. Cortei os quatro pneus da kombi, estacionada na porta. Quebrei devagar todos os vidros. Amassei a porta do mesmo lado, do motorista. O garoto queria que a gente tacasse fogo no veículo. Achei melhor não: o seguro ia cobrir o prejuízo. O senhor não acha que fiz bem? Essa cidade anda muito violenta...
– Engoli em seco e fiquei rezando para chegar logo ao Largo da Matriz.

Voyeur

Seu vício, seu hábito. Desde sempre.
Acompanhar, copartícipe, solitário,
o ato do amor alheio, nas reentrâncias da praia,
abaixo das ribanceiras, protegido
da farta arborização.
Não guardava identidades.
Fixava-se no ato em si. E no êxtase.
Testemunha muda de iniciações,
defloramentos, adultérios, frustrações,
violências, impotências.
Firme no seu posto. Comparsa do silêncio,
cúmplice do pecado.
Um dia, o destino gargalhou sarcástico,
na sua cara: viu desfolhar-se,
na praia conivente,
a virgindade de sua filha única.
Pela primeira vez, conheceu quem amava.
E de repente ficou cego. Dos dois olhos.

Plataforma eleitoral

Dois mais dois são quatro.
A Terra é redonda.
A família é a célula-mater da sociedade.
É preciso cuidar das crianças pobres.
O povo precisa de um pouco de bondade.
Eu nasci pobre, de uma família pobre. Hoje,
minha cozinheira é pobre, meu motorista é pobre,
minha lavadeira é pobre, meu jardineiro é pobre,
até os dois marujos que cuidam de meu iate
são pobres.
Se você não aguenta mais isso que aí está,
se você quer realmente mudar,
(Terminou o horário de propaganda eleitoral
gratuita.)

Argumento

– Tudo bem, pai, você pode me ganhar no jogo de palavras, mas você
não consegue entender nada do que em mim se chama sentimento.
A lógica rigorosa e lúcida daqueles treze anos
implodiu o pouco que ainda restava de autoridade moral
da figura paterna desabada. Jogou a toalha:
– Ok, você venceu. Pode ir sozinha a Disneyworld!

Zelo familiar

Madrugada no bar do Viracanto. De repente, o mal-estar. Levou-a, namorado, para casa. Isso passa. Íntimo da família (um amor de rapaz!), conduziu-a, zeloso, ao quarto de dormir. Um comprimido. Tudo bem. Estou melhor. Certeza? Certeza, pode ir. Foi. Na espreita, a irmã mais nova. Indignação. Denúncia, solene, grave, à mesa do café. A moral burguesa enrubescida, trágica. Em nome dos bons costumes e do respeito humano, a mais velha acordou inapelavelmente expulsa de casa, cortada a mesada paterna, dedetizado o quarto e salgados todos os seus bens.
A caçula engravidou dois meses depois e até hoje não se sabe quem é o pai da criança, zelosamente criada pelos avós e, felizmente, gerada alhures, na deserta Praia das Virtudes.
A mais velha se casou com o namorado e mudou de cidade.
O coração tem razões que a razão joga fora.

Retratação

Duro e exigente. Não admitia que funcionário subalterno
não se levantasse à sua passagem.
Zé Cachaça, auxiliar de portaria, funcionário exemplar,
exagerou no sobrenome e não viu S. Exª. entrar.
Advertência nos assentamentos e suspensão por três dias.
Zé Cachaça abdicou de sua macheza impotente e chorou
de indignação abafada.
No dia do velório, foi o primeiro a chegar
e permaneceu sentado, todo o tempo, frente a frente
com o esquife. Lado a lado, solidários,
todos os colegas de repartição, sentados,
nenhuma lágrima em qualquer dos olhos.
Foi preciso mandar buscar cadeiras sobressalentes
no auditório da Casa.
E o bar em frente nunca vendeu tanta cerveja.

Descoberta

Resolveram exibir *A Madre*, filme proibido pelas autoridades veracruzalmenses, em sessão clandestina. *O Espírito* publicou o anúncio-convite, com hora, local e circunstância. Coisas de Vera Cruz. Quase esmagado na sala restrita, onde quinhentas pessoas ocupavam o lugar em que mal caberiam trezentas, Toríbio Torto teve uma revelação: descobriu uma nova forma de luta: ao lado das palavras, das armas, das lágrimas e do sangue, o suor da liberdade!

Objetividade

"– Famintos de cor, os planos superpostos sobrenadam ao ritmo dos riscos sinuosos de nus carnosos de feminina sensualidade. O prazer da pintura que evola dos quadros sutis recorda um Van Gogh esmaecido, com desvios de retina devidamente corrigidos. Silva e Silva é indubitavelmente uma artista sensível e habilíssima, dona de arte própria e subjetiva, feita de desejos, penetrações, orgasmos. Suas figuras de mulher lembram jardins de primavera e se fazem de amor astral e poesia. Imperdível!"

J. de Cecéu, crítico de arte de Vera Cruz das Almas, não fez por menos, diante dos quadros de L. S. P. Silva e Silva.

Claro que seu pronunciamento nada tinha com o relacionamento íntimo que há tempo o ligava àquele jovem talento em florescência!

Primeira comunhão

Canto dos juízes. No campo de basquete.
O primeiro terno, branco, como a alma.
E trazia o Menino Jesus no coração.
Em estado de graça.
Bebia o riso do pai, a emoção da mãe.
E a máquina fotográfica. Pronta para eternizar aquele instante único, definitivo. Sentia-se pela primeira vez encantado da beleza de seu rosto e envolto pelas nuvens da mais liberta alegria. Narciso não foi mais feliz ao mirar-se nas águas.
A revelação do filme fraturou-lhe a véspera da melhor lembrança e plantou na memória o rosto escuro, as linhas desfocadas, o excesso de sol no linho branco. Odiou pai e mãe por trinta anos. Até a data da ducentésima sessão de análise, quando se deu conta do mistério e imediatamente mandou fazer um poster de si mesmo, todo de branco, retocado, linho S-120.

Evoé, Momo!

Seios, nádegas, coxas e umbigos. Inteiramente nus e convulsivos. Batuque, cuícas, *slow-motion*, *big closes*.
— Fala ô Zé Grande! O que que você está achando do desfile aí na cabine do centro?
— Uma loucura! Grande animação, essa coisa toda! Volta pra você, Jota!
— Perfeito, Zé Grande. Mas eu queria a tua opinião de especialista, entendido?
— Certo, Jota. Olha, verdadeiramente, ô Jota, eu acho, na minha opinião, que esse ano está havendo muita homenagem. Este ano, aliás, é o ano das homenagens. No ano passado, foi o ano da crítica, no ano anterior, o ano das alegorias de mão. Esse ano, como já disse, na minha opinião, eu acho que é o ano das grandes homenagens. Mas olha aí, ô Jota, a rosa-e-verde vem toda de rosa e verde! É sensacional! Siga daí!
— Pô, Zé Grande, você entende mesmo das coisas, hein? É verdade, senhores telespectadores! Aí está, em nossa imagem exclusiva, o domínio absoluto do verde e do rosa! E olha aí a ala das baianas, todas vestidas de baiana, a bateria, o mestre-sala e a porta-bandeira! Fala Marianinha! Como vai a concentração aí na Colibri do Viracanto? (Nádegas, coxas, seios, nádegas, seios.) Um barato, Carlinhos! (seios nus). A escola está se arrumando (nádegas convulsas, som ambiente) na maior empolgação (umbigos acesos). O pessoal está dando tudo! Antes mesmo de entrar na passarela! (*big close* de dirigente) é um luxo! E o enredo não podia ser melhor: "As neves do Kilimandjaro num domingo de verão nos trópicos"! É a consagração da temática nacional, como disse aqui o conhecido carnavalesco Manuel

Arraia! Ó Manuel! Ó Manuel! Vou ver se pego ele, bem, não dá pra entrevistar, vocês estão vendo (seios balançando) ele está muito nervoso. Fala Jota, a bola vai pra você!

– Obrigado, Marianinha! Você está fazendo um trabalho excelente, aliás toda a nossa equipe e já estamos aqui há quinhentas e quarenta e cinco horas para proporcionar a você, meu caro telespectador, o melhor do nosso carnaval. Aliás, na minha opinião, eu penso que esse ano o carnaval, esse desfile, vai arrebentar a boca do balão! Voltaremos daqui a instantes, depois dos comerciais e do nosso *flash* do Baile das Borboletas Tresloucadas! Carnaval é Cultura!

A arte que é permanece

"Tenho a cena presente, incessante, a cada minuto do meu dia: ali, na calçada da *gare*, a imagem indelével, crianças nuas, mulheres rotas, homens seminus movendo-se, animais, entre restos de feira, caixotes, e comiam e sujavam-se, e riam... Aqui e ali, negras mulheres suspendendo às tetas magras, crianças cujas bocas pretas lavava o sangue das mães! Eis, caríssimas leitoras, a melhor e a mais viva definição das propostas em barro que nos apresenta a originalíssima escultora veracruzalmense Mariko San, na exposição que vocês poderão admirar nos saguões da nossa Universidade, até o próximo dia 31. O barro, nas mãos mágicas de Mariko, parecem forjados com as lágrimas da sociedade e se converte em frutos acres da terra árida de Vera Cruz das Almas. Não são esculturas, são poemas, da mais alta poesia!"

(Publicado na seção de artes de *O Espírito Veracruzalmense* e transcrito em várias publicações especializadas do país e do mundo. A escultora, casada com um adido cultural, confidenciou a alguns amigos (íntimos) que, depois dessa crônica, assinada, como sempre, por J. De Cecéu, só o Centro Pompidou já lhe encomendou três peças e já estava garantida sua presença no Rio de Janeiro para uma exposição grandiosa na Praça da Apoteose. Uma coisa linda!)

Círculo vicioso

"Dinâmica corporal prenhe de vitalidade acrisolada. Arabescos sutis feitos de claro-escuro, contrastes barrocos. Uma poesia vibrante, ágil, forte, mas sobretudo carregada de elegância e bom gosto. Eis a arte maior de L. de Luzia, presente nessa mostra tão rica de figuras retorcidas, onde o belo-horrível pontifica e encanta, eternizador de um instante único de beleza."

(Texto publicado em sua coluna no *Espírito Veracruzalmense* por J. de Cecéu, ainda agastado com fofocas e pronunciamentos de alguns coleguinhas sobre o que escrevera a propósito da exposição de Silva e Silva. De propósito, para que não pairassem dúvidas sobre sua isenção crítica, escolheu como alvo a arte escultural de um dos seus conhecidos inimigos fiéis e mandou tinta, no melhor estilo da crítica vigente em Vera Cruz das Almas. A página, considerada antológica – joia rara da crítica de arte pós-moderna – foi logo incoporada ao livro didático de português, distribuído pela Comissão Especializada da Prefeitura, num digno e louvável esforço em prol da melhoria das condições de ensino às comunidades carentes. J. de Cecéu, comovido, ofereceu um jantar aos membros da Comissão e a um grupo de seletos convidados, em destaque a ilustre presidente da douta Comissão, por sinal também artista plástica.)

Alegria, alegria

Saltitantes, buscando sempre o ombro, o braço do dono. Os miquinhos amestados faziam a alegria das crianças, o sorriso dos passantes. Vendidos a peso de ouro pelo camelô, orgulhoso de seus dotes de amanso, segredo maior.

De fato, pouquíssimos iniciados conheciam a técnica, perfeita: uma incisão simples e certeira nos dois olhos dos animaizinhos. E no escuro inaugurado, a solução da Natureza, na busca agitada da fonte de calor: o corpo humano.

O homem é um animal por excelência predador. Caça e fere por prazer. E também pela ânsia do lucro selvagem. Mas os macaquinhos nunca souberam disso.

Trabalho e realização

Entre o milagre do texto, a cura da hipocondria e o desaparecimento da neurose depressiva em vinte e cinco sessões, a opinião de Austiclínia encerrou defintivamente o debate:
– Quem alcança o máximo de realização profissional é a prostituta ninfomaníaca!
Ninguém teve argumento ou voz para qualquer contestação.

Impropriedade

Ao reencontrar o casal amigo, com trinta anos de casamento, Austiclínia torpedeou:
– Vocês são felizes?
Sorrisos amarelos adernaram no silêncio da resposta.

Filhos de papel

De todos os habitantes de Vera Cruz das Almas,
só um acreditava piamente que os filhos de Austiclínia eram todos seus:
o marido.

Opção de trabalho

Diálogo libérrimo, defronte do Hotel Miramar, verão, 40º, à sombra da barraca acolhedora e da atenção de três companheirinhas embasbacadas de admiração:
– É isso aí, queridinhas, cem verdinhos, e se quiser. Sem muita exigência, que a mamãe aqui não é de botar azeitona no pastel de ninguém não! O trivial simples. Agora, vou dizer pra vocês, brasileiro, eu cobro antes. Brasileiro é fogo, minha filha! Eles vêm com aquela conversinha de cerca-lourenço, você embarca e ó! quando viu, dançou! Comigo, não! Comigo é ali: tá afim, benzinho? Então vamos lá, dinheirinho aqui na mão da mamãe! Já turista estrangeiro, pô, é outro papo, tão sabendo? Você pode ficar com ele o tempo que quiser, numa boa, é tudo legal, maior honestidade! Na saída, tranquilo: o que é teu, é teu, tu nem precisa cobrar, e difícil que não venha mais algum. E eles gostam de se despedir bacaninha, tipo namorandinho, com beijo na boca e o escambau! Um barato! É por isso que firmei meu ponto aqui na frente do hotel. Mas sabe o que eu queria mesmo? Que acontecesse comigo o que aconteceu com a minha prima Duda! Foi do cacete! Ela apanhou o gringo aqui na praia, aqui mesmo, justo onde a gente tá conversando, o cara embeiçou de vez, foram pro hotel, – na suíte dele! – Legalérrimo! O americano gamou na mulata e levou ela pros esteites! Tô dizendo pra vocês! Hoje ela é madame em Niu Jérsei, e ano que vem vou até passar uns dias lá! Puxa, se eu desse essa sorte! Juro pra vocês que eu largava aquele empreguinho micha na prefeitura e não precisava mais fazer a praia pra segurar a barra no fim do mês! Opa, tchauzinho que eu vou ver se passo um oleozinho nas contas ali do Johnny. Ei, *Johnny, may I help you*?

Espírito público

A ampliação da principal e maior praia de Vera Cruz das Almas envolvia um declive submerso que garantiria a tranquilidade das águas bordejantes. Requintados estudos feitos no estrangeiro foram encomendados.
Era a solução das soluções, o aterro perfeito e definitivo, sem riscos e sem traumas.
As autoridades responsáveis, diante do cronograma da obra monumental, concluíram que, a cumprir-se tal etapa, lhes fugiria o tempo hábil para a inauguração da melhoria. Os novos senhores do poder usufruiriam dos louros, que o povo veracruzalmense sempre sofreu de amnésia crônica frente aos fatos públicos: não leva quem faz, mas quem inaugura.
Entre a solução engenheira e a política, não houve dúvida: cancelaram o declive, inauguraram a praia nova e deixaram as ondas rebentarem, como sempre, na cara dos munícipes: o que não se vê não rende votos, sentenciou Toríbio, o Sabedor.

Surrealismo

Não almoçou naquele dia.
Chegou ao coquetel na hora do jantar.
Lançamento de livro.
De autor novo. Depois dos salgadinhos,
não resistiu: devorou as flores da decoração, avidamente.
Começava o segundo livro do estreante.

Amigos, de longa data

A frase agressiva ainda ecoava, do outro lado.
A resposta, incisiva:
– Eu não sou dessas!
O impulso, irresistível, neutralizou a amizade:
– Mas é daquelas...
Nunca mais se falaram.

Frustração artística I

– Dona Mariana:
Minha torta estava uma beleza! Quando fui virar, ela caiu das minhas mãos e partiu todinha... Fiquei com uma bruta duma raiva! Desculpe. Semana que vem faço outra, se a senhora quiser.

Maria.

Frustração artística II

Cecéu amigo:

Os poemas estavam uma beleza, a diagramação impecável, o lançamento programado, os convites expedidos. Até o Zé vinha de Paris para a festa e já com a crítica pronta para o Carlos. Na hora da impressão um cochilo, e o empastelamento geral. O livro ficou uma merda! Você não pode imaginar a minha raiva!

E.

Eterna juventude

Plantada na alegria dos seus setenta anos, Dona Antonieta, ao lançar seu último livro, *O jardim dos pirilampos excitados*, foi categórica e incisiva, para espanto e escândalo da pudicícia local:
– O único e verdadeiro elixir do rejuvenescimento é o sexo, adúltero ou não, com parceiros jovens. Diferença ideal: 25 primaveras.
As casas noturnas tiveram imediatamente o seu público aumentado e nunca se viu nas praias veracruzalmenses tão significativo desfile de estrias, celulites e adiposidades. Notadamente nos espaços ocupados pela *jeunesse* local. Um espanto!

Ut eclesia parnassus

"– Li seu livro de poemas. Seus versos – dobrados ao jeito do ourives – engastam rubins de rima em frases de ouro. E a mim se me afiguram lídimos escrínios onde se agasalham preciosas pedras de lavor sutil. Sua obra, minha querida poeta – poeta sim, que é mais que uma mera poetisa – é como um sol que renasce todos os dias para iluminar de claridade plena a nossa alma, e valem a pena, pois, como disse e bem o nosso Fernando Pessoa, 'tudo vale a pena, se a alma não é pequena'. Você é a mensageira de divas mãos que trabalha de áureos relevos a brilhante copa da poesia. E porque trabalha, lima, e porque lima, teima, e porque teima sua, e porque sua, sofre, e porque sofre, vive! E traz, para nós leitores, pobres mortais, aquém da sua luz, Senhora Ministra, a força da Beleza, gêmea da Verdade, a força e a graça na simplicidade! Que Deus lhe conceda ainda muitos e muitos anos à frente de sua gloriosa Empresa – um dos orgulhos do desenvolvimento nacional – para que possamos continuar usufruindo das filigranas literárias com que enriquece a cada título publicado a cultura e a literatura nacional. Meu voto – desnecessário dizer-lhe – é seu, ainda que não fosse seu conterrâneo e seu amigo de fé. Sua presença só honrará o nosso Sodalício."

(Texto sem assinatura, encontrado no baú de Augusto Nordeste, o Pioneiro.)

Congresso de psicanálise

De repente, faltou energia. A luz apagou. O microfone anulou-se. Os alto-falantes silenciaram. Improvisaram-se focos luminosos: velas.
O conferencista empostou a voz e interpretou, sem perda de pose e porte:
– Não, caros colegas, não foi por acaso. Esta escuridão se deve, permitam-me sensacionalizar o óbvio, a um nítido complexo de castração não resolvido: se moto próprio, do encarregado do som; se ordenado, do coordenador dos trabalhos. (Atentem para a solução fálica, adredemente preparada!) Um ou outro, neurotizado pelo complexo de Édipo, fez a transferência e a agressão aí está, nimiamente configurada. Minha palavra, aqui e agora, provocará, estou certo, a imediata conscientização regeneradora: a luz voltará! Esta experiência vale todo o Congresso!
A luz não retornou. Soube-se depois: um temporal em Minas Gerais provocou séria pane em todo o sistema leste de distribuição.
Mas a palestra foi para os Anais e é hoje texto clássico da especialidade.

Juventude

Saiu do banho rejuvenescedor, no rigor do calor tropical de Vera Cruz das Almas. Rosto liso, barba feita, cabelos fartos, levemente embranquecidos. Olhou-se longamente no espelho e sentenciou, do alto da lucidez dos seus noventa anos bem vividos:
– Quem se conserva não deteriora!

A entrevista

A intelectualidade veracruzalmense, excitadíssima. O Grande Crítico, presencíssima na mídia nacional, convidado pelo Cenáculo Veracruzalmense para um ciclo de conferências, concedia uma *entrevista pública:*

J. de CECÉU – Agradeço, desde logo, ao prezado confrade, a oportunidade de estarmos aqui, juntos nesse momento tão relevante para as letras veracruzalmenses e, porque não dizer, para as letras nacionais. Gostaríamos que o Sr. nos dissesse, para começar, qual a sua opinião sobre o genial criador das *Memórias tumulares de A. Nordeste*, o Fundador.
GRANDE CRÍTICO – Genial, você tem razão. No dizer de A.A., por exemplo, trata-se do maior escritor da língua portuguesa em todos os tempos, insuperável, até hoje, insuperável! Já para A.B., sua narrativa trasncende; A.C., por seu turno, julga-o magistral!
J. de CECÉU – Perfeitamente. Mas (carregando impaciente na entonação) como o *Sr.* vê a contribuição do nosso romancista?
GRANDE CRÍTICO – É como lhe disse: é o nosso maior escritor, genial, insuperável, transcendente, magistral! Você não concorda?

A plateia irrompeu em consagradora salva de aplausos. O Grande Crítico agradeceu, com compunção e humildade. J. de Cecéu terminou a noite bêbado de originalidade no bar do Viracanto.

Poder de síntese

Torneio de redação.
A mestra recomendara concisão, harmonia, clareza. Necessário envolver religião, nobreza, humildade, sexo, felicidade.
O texto – definitivo – veio dos dezesseis anos bem experimentados da filha de Austiclínia:
"– Meu Deus, disse a condessa, levemente ruborizada: como é bom!"
O concurso foi suspenso, o texto censurado, em nome da moral, dos bons costumes e da segurança nacional. E inaugurou, entre as professoras, uma polêmica que até hoje divide opiniões, sobre as circunstâncias da validade ou não da assertiva.

Autoafirmação

Empedernida. Assumia as palavras e não abria mão. Dizia I King em vez de I Ching, Kogun, diante de Shogun, Cruchetcov, em lugar de Kruschev, écstase, e não êxtase: tinha a paixão das guturais. Sintaxeava também subjetiva: Eu me esqueceu, as vacas do meu sítio não é qualquer um que tiras leite, Nietzsche tem sido um notável filósofo moderno (pronunciava Niéteziche). Achava o vezo um charme. Hoje vive falando sozinha no Hospital Santa Mônica, próximo de Vera Cruz. Mas há esperanças: já admite, por esforço médico, dizer eu me esqueci. Quem sabe?

Curriculum vitae

– "Nem dá pra acreditar, minha querida! Quem diria! A Lolinha, sobrinha da Austiclínia, com aquela idade, arranjou um noivo!
– Não me diga! Ainda bem! Que bom pra ela!
– Pois é, veja você, é um homem bonito, bem de vida, e tem mais: Chefe do Departamento na Faculdade, Doutor e Livre Docente, autor de vários livros, e toca um violão que benza Deus!
– Tudo bem, mas me diga uma coisa: como é que ele é de sapateado?"

Pérolas do pensamento de Toríbio Torto, o Sabedor

1. Se Deus fosse contra o álcool, não tinha criado as vinhas.
2. Em terra de cego, quem tem um olho se ferra.
3. A distância que nos une é a mesma que nos separa.
4. Quem muito quer com jeito acaba conseguindo.
5. Quem semeia ventos corre o risco de pegar pneumonia.
6. Amar é permitir ao outro o espaço da liberdade.
7. Felicidade é vender todas as bananas do tabuleiro da feira.
8. O maior prazer da caça é a caçada.
9. Mais valem os pássaros nos flamboyants do que nessas gaiolas, por mais amigo que seja o dono deles.
10. Peixe bom, de grande peso, não se pesca com pouca linha.
11. Recreio de galo é sexo de galinha.
12. Em casa de pescador, prato forte é galinha de cabidela.
13. Sabida é a galinha, que quando bota ovo, faz espalhafato; já a mulher do pato...
14. Quem com ferro fere acaba sempre arranjando um jeito de escapar do castigo.
15. É conversando que a gente entra nas intimidades.
16. A ajuda mais barata é um bom conselho: se não ajuda, conforta o conselheiro.
17. O maior bem do mundo é ter nascido: de preferência rico.

Bruxaria

Dona Neném não perdia casamento.
Na verdade, era sempre madrinha,
para espanto de Padre Cavalcanti.
Pudera, em Vera Cruz das Almas, tudo, para todos,
sempre começava em sua sala,
na Casa do Viracanto.
Depois era só batizar os frutos sazonados.
Dona Neném tinha um coração drummondiano:
maior, muito maior que o mundo.

A casa de dona Neném

Era muito frequentada.
Na frente, um jardim com rosas multicores,
um pé de acácia com pendões perenes
e um caramanchão feito de primaveras.
Nos fundos, a magia de um pomar dos grandes:
mangas, abacates, sapotis, laranjas, jambos,
mamões, até damascos!
Mas o melhor de tudo era a sala de estar, ampla,
e feita de aconchego, sempre aberta, para a dança,
o encontro, o bate-papo, a qualquer hora do sábado
ou domingo e mesmo às quintas-feiras.
Ternurizando tudo, do alto dos seus jovens setenta
anos, a mágica e maternal dona da casa, sua alegria,
o sorriso, a querência de viver intensamente.
Nas estreitas saletas da memória, a lembrança
discreta forceja lágrimas nos olhos navegados.

Dois poemas marginais

(publicados no Suplemento de *O Espírito*)

I

O sol nasce para todos
o tempo passa ao largo
dos que não têm olhos de ver
Na janela alerta recorta-se sutil o azul perdido, longe...
É preciso deixar as janelas sempre abertas

II

Isso de amor é pra gente fingir que tem gente
junto com a gente,
não estou sozinho, alguém me quer,
ternura antiga, esses babados,
um engulho, uma acidez, alguma coisa
que quer sair de dentro, e regurgita
e você pensa
que a solidão viajou para Bengaladesh
e de repente fica de saco cheio
e descobre
que isso de amor é puro fingimento,
porra!

Um texto exemplar

"Apesar de ter escrito até hoje um único conto, condensado, denso, restrito a apenas trinta linhas, o famoso texto "À sombra dos flamboyants angustiados", Sérvio A. de Almeida é um dos maiores ficcionistas vivos de Vera Cruz das Almas. Sua prosa é instigante, reflexiva, radical. O autor é daqueles que realmente têm o que dizer e sabe como dizê-lo. A gente lê tudo o que ele escreve. Sem fadiga ou tédio. Uma obra chocante, e, mais que tudo, capaz de fascinar pelo que exige do leitor, em termos de respiração: seu ritmo, a pontuação do seu escrito, quase inexistente (apenas duas vírgulas) assegura uma cadência única, uniforme, que deixa quase sem fôlego, mas feliz, quem dele se acerca. Assinale-se ainda o tênue da tessitura, a proximidade com as obras de outros grandes escritores da nossa terra, como A. Nordeste, o poeta do sentimento ancestral, Aurora Ribeiro e Sousa, com suas metáforas mítico-religiosas. Em síntese, o despojamento de uma prosa essencial que mergulha fundo nos arcanos da existência humana aliada a um altíssimo sentimento poético garantem a essa joia literária um lugar ímpar na literatura contemporânea veracruzalmense."

(Texto de J. de Cecéu, publicado no *Espírito Veracruzalmense*, sem qualquer interferência da agência publicitária que inaugurou, com o lançamento do conto do autor, a técnica do *marketing* na área da literatura emn Vera Cruz.)

Índice cultural

Relação dos "mais vendidos", publicada no Suplemento Especial de *O Espírito Veracruzalmense*, durante dez semanas consecutivas, apenas com uma ou outra mudança de posição na sequência:

Ficção

1 – *Múltiplos sentimentos e ideias pouco claras*, de Maria de Cecéu. Aglomerado do Verbo, 750 p. Desventuras de uma mulher desajustada, à procura do diário de Moisés.
2 – *Poeiras ardentes de Cronos*, de Thomas S. Shalton. Olvidos, 376 p. Após a queda de um ditador, num país fictício da América Latina, o exército vencedor, por equívoco, invade o palácio episcopal e persegue os grupos comunitários aliados.
3 – *Operação Elefante Branco I*, de H. H. H. Juarez. Ed. Marte, 506 p. Viagem ao tempo do cristianismo primitivo. Ficção científica de fundo esotérico.
4. – *Hotel Pacífico*, de J. de Cecéu. Aglomerado do Verbo, 64 p. Livro de estreia do renomado jornalista e crítico literário. O escritor vai fundo na arte de provocar orgasmos nas leitoras.
5 – *Madame Berlitzia*, de Aurélio Latino. Aglomerado do Verbo, 230 p. Mais uma vez, com seu trigésimo quinto livro de contos, o jovem escritor se afirma como a grande revelação da literatura veracruzalmense contemporânea.
6 – *História do sítio de Vera Cruz das Almas*, João Curagênios. Aglomerado do Verbo, 352 p. Nesta nova e instigante narrativa, o consagrado autor de *Lembranças da paróquia* coloca em questão acontecimentos tidos como reais no passado veracruzalmense.

7 – *Agricultura primeva*, de Publius Rupestre. Aglomerado do Verbo, 198 p. Consagrado romance do genial escritor veracruzalmense, hoje autor de roteiros cinematográficos de sucesso nos EUA.
8 – *Operação Elefante Branco II*, de H.H. Juarez. Ed. Marte, 506 p. Continuação da *Operação Elefante Branco I*.
9 – *Caminhos do Viracanto*, de Augusto Nordeste. Aglomerado do Verbo, 752 p. Saga de um ex-pescador que, aposentado, conta a um interlocutor que não participa diretamente da ação a história de sua vida. Obra que seria o grande romance da androginia, não fosse a surpreendente revelação da verdadeira identidade do personagem Jacinto.
10 – *O incêndio de Narciso*, de Tadeu Tadei. Editorial Afoniós, 916 p. Visão panorâmica da vida de Vera Cruz das Almas nos anos 1960.

Não ficção

1 – *Vida minha*, de J. de Cecéu. Aglomerado do Verbo, 919 p. Autobiografia do consagrado cronista veracuzalmense, escrita no brilho dos seus cinquenta anos. Prêmio AVL como livro do ano.
2 – *Na trama do discurso*, de L.R. de Cecéu. Aglomerado do Verbo, 198 p. Cinquenta e cinco ensaios literários da filha do cronista J. de Cecéu. Livro de estreia que já surge consagrado. Revelação do ano pela AVL.
3 – *Seu filho, sua fortuna*, de Maria de Cecéu. Aglomerado do Verbo, 330 p. A famosa psicanalista veracruzalmense parte de seus conhecimentos e de sua experiência de mãe solteira para demonstrar que criar filhos é mais que tudo uma atividade artística.
4 – *A calistenia ao alcance de todos*, de Jarnara Tarita. Aglomerado do Verbo, 416 p. Em linguagem bastante acessível, a autora revela todos os segredos da ginástica aeróbica afrodisíaca e congêneres.

5 – *Amar foi minha ruína*, de Marina da Casa das Sidras. Aglomerado do Verbo, 1500 p. Autobiografia. Imperdível.

6 – *Nasci para bailar*, de Alfredinho de Lys. Ed. G-P, 458 p. Autobiografia, reveladora de um retrato sem censura.

7 – *Homenagem a J. de Cecéu*. Coletânea de depoimentos de amigos e admiradores do renomado cronista, comemorativos dos seus 25 de militância jornalística e literária, 25 p. Ed. Hora.

8 – *Mayo, mes de las flores y de la virtud*, de Pe. Manolo Alfonso. Aglomerado do Verbo, 98 p. Reflexões morais do pároco de Vera Cruz das Almas. Direitos autorais destinados à *Opus Pueri*.

Universidade é pesquisa

Feliz, L. R. de Cecéu comemorava a justa premiação ao seu esforço de cinco anos de pesquisa, sob os auspícios da Escola de Letras Veracruzalmense, com patrocínio da Empresa Adornos Femininos S.A.: três anos na selva, um nas bibliotecas, e outro em Paris culminaram com a publicação da sua renovadora tese, consagrada pelo Prêmio Aigle d'Or da Societé Anthropologique et Linguistique Paul Le Vert. O título, por si só, indicia a representatividade e a pertinência social e comunitária do trabalho: BATOQUE E ORALIDADE: A QUESTÃO DAS BILABIAIS ENTRE OS ÍNDIOS CAIAPÓS E ASSEMELHADOS.
A festa de entrega da láurea – diploma e um cheque de cinco mil dólares – foi abrilhantada por um monumental concerto ecológico na praça principal de Vera Cruz, promovido pela Prefeitura. O prefeito, ao abraçar a sua afilhada, não conseguiu esconder as lágrimas da emoção.

Novos pensamentos de Toríbio Torto

1. Quem ama o feio sai de concurso de beleza com uma terrível frustração.
2. Quem sai aos seus acaba com crise de monotonia.
3. A mulher do sapo é a prova evidente da falta de critério estético do marido.
4. Cão que ladra só morde quando tem certeza do sucesso da mordida.
5. O trabalho enobrece o empresário.
6. O homem põe. Deus dispõe e o *merchandising* condiciona.
7. Deus dá o frio conforme a roupa, mas com essas mudanças bruscas de temperatura...
8. A boa luz nas trevas obtém o seu próprio resplendor, dependendo da potência em watts da luz do outro.
9. Se alguém te agride a face esquerda, ofereça-lhe a direita, mas sem muito empenho, senão ele te cobre de porrada.
10. Navegar é preciso, de preferência com apoio logístico.
11. Deus dá nozes a quem não tem dentes porque sabe dos progressos da ortodontia.
12. Quem dá aos pobres e empresta, adeus!
13. Ser mãe é padecer no paraíso, exceção feita para o momento primeiro da concepção.
14. O tempo é o melhor remédio para as dores d'alma e a dor de corno.
15. Uma mão lava a outra, mas que mão de obra!
16. Uma mão lava a outra e as duas lavam os cornos.
17. Casa de ferreiro, espeto de plástico, que a madeira está pela hora da morte.

História da literatura veracruzalmense

Treze livros publicados.
Cinco na gaveta.
Ficção, ensaio, teatro, poesia.
Do JB, quinze resenhas.
O Estadão abriu-lhe o Suplemento.
A Folha, idem.
Tese na USP e outra na Universidade
de Vera Cruz das Almas.
Seu nome circulou louvado e atacado em Minas, Porto Alegre,
Campina Grande, Florianópolis, Bahia.
Ganhador do Prêmio das Américas,
resolveu que viveria das palavras.
Morreu de inanição na porta da Academia.

Amiga,
deixa fluir este amor,
é primavera
ainda
nem tudo está perdido.
Não importa
este gosto de cloro
no teu beijo
as ausências cruéis
do teu marido
e as rugas anunciadas
no canto do olhar
na comissura dos lábios:
a Natureza é,
ainda existe,
a água, pura,
nós suprimos,
embora com modéstia,
o milagre da Ciência
é uma verdade
há regimes, temporadas, estações
na sequência
do retorno
ao corpo antigo
e que importa o corpo
a esta altura da partida?
A alma sim.
Deixa fluir, em todos
os sentidos
de um ao outro,

a plenitude, rara,
e nos conceda
o beneplácito da esperança:
merecemos.

(Mais um inédito encontrado por J. de Cecéu no baú de A. Nordeste. Quando foi lido, numa sessão especial da Cenáculo Veracruzalmense, causou sensação na Crítica e escândalo na Comunidade. Padre Manolo chegou a dedicar dois violentíssimos sermões na missa de domingo, execrando a peça, um deboche, uma ofensa à moral e aos bons costumes veracruzalmenses. Toríbio Torto, sábio como sempre, estranhou a verrina:
– Será que foi por causa da referência ao marido? Mas todo o mundo sabe que ele é corno!...)

Graves momentos

A tarde molhada de promessas, Logucedo viajava fantasias.
No percurso, mil mãos incendiárias
prenunciavam mergulhos insondáveis.
Por um segundo seus olhos neblinaram,
sem desastres.
Um homem todo certezas, seguranças,
homem.
E assim foi. Até o aconchego do quarto, a cama
farta.
Sorrisos, libações, banhos, massagens,
palavras, arrulhos.
A transgressão aguçava desejos e afagos. Maria
das Sidras era um nome apagado da memória.
Ali, a Mulher, expectante, pronta.
E o Homem, plenitude tensa.
De repente, no mergulho da caverna, o refluxo,
incontrolável cavalo doido, besta do apocalipse!
E o deserto, seco, o desespero, o emurchecer de
toda a expectância, um verme, um rato inerte,
um trapo, um nada...
Felizmente Austiclínia era senhora de recursos orais
inenarráveis!...

Pensão São Francisco

1

Pensão. Chego: um trapo, um borra-bosta, um nada. Um morto desce. A mulher chora. O polícia anota. Charmeio a atendente. Hospedo-me. Chamo a atendente: Érica. Como a atendente. – E se eu engravidar? Não há perigo, sua burra. Usei camisinha. Não deu para perceber? Além disso, sou estéril.
Deixo a pensão e a saudade fica.

2

Chego à rua. O pivete arranca impune o colar da turista distraída na manhã da avenida. Táxi. Rodoviária. Dúvida existencial: – Vou ou não vou, eis a questão. Embarco. Cuiabá, MT. Gostei do nome da Companhia: Andorinha. Uma só não faz verão.
Na poltrona do lado, a ruiva. Sardenta. Olhos verdes. Silêncio. Mistério.
– Viúva. Sou viúva.
– Sim? Também vou pra Cuiabá.
– Meu marido morreu em Tóquio...
– Longe... Eu não tenho família.
– Sou inglesa. Fugi.
– Fugimos.
Dormimos. Abraçados na solidão.

3

Parada. Vinte minutos. Fomos ao banheiro. Lanchamos, voltamos. Beijamos. Na boca. Dormimos, as mãos descansadas nas entrecoxas.

Manhãzinha garoada. Cuiabá. Yoko dorme. Salto. Yoko dorme. Vão ver: está morta. Overdose. De licor de piqui. Incrível! Corro do lugar. Até a pensão: São Francisco.

4

Solidão. Tédio. Desespero. Já quero partir. Café no bar. Carona. Parada no meio da estrada: tráfico de drogas. Sinto-me cúmplice. Tiros acendem a escuridão da noite. Grito, morte.
Fujo, em desespero. Caio. Levanto, corro, perseguido. Um horizonte iorqueano de cães aumenta a adrenalina que já satura o meu sangue. A propósito, sangro. Brenha, bosque, cerrado, estrada, carona de caminhão. Motorista: Saulo. Restaurante: jantamos, amigos.
– Sem problema, cara! Cê fica na casa de mãinha, em Campo Grande. Tenho um amigo, fanho, mas um amigo. E muito bom. Um verdadeiro amigo é diamante.

5

Campo Grande: casa da mãe. Morreu. Faz três anos. Saulo não sabia. Chorou. Resolveu entrar para um convento, católico.
Vagueio, solitário. Hospedo-me: pensão São Francisco.
Um morto desce as escadas. A mulher chora. O policial anota. Que tédio da vida! Que abjeção essa regularidade!
Outrora, quando fui outro, era um poema de Fernando Pessoa. Agora, permanece o *spleen*.

6

Chamo a atendente. Uma índia. Charmeio. Como a índia, sem camisinha, com um puta complexo de culpa. Ela sai, sorridente. Terá um filho meu? Entro numa deprê profunda. Quero minha mãe.

Bebo a garrafa de piqui de um só gole, quase sem respirar. Os olhos vão fechando, uma sensação de estranha paz me invade plena. Maria das Sidras, segura com força a minha mão. Toríbio, me vende uma dúzia de bananas. Cecéu, escreve a minha história. Mariko, que belo quadro, olha que beleza de céu de maio em Vera Cruz, Mariko. Olha que luz, que luz intensa...

(*Minimal novel* encontrada entre os manuscritos de A. Nordeste por J. de Cecéu, dado a público pela primeira vez).

O dia de Vera

Simplificação afetiva do aniversário da cidade. Padre Manolo excitava-se, na expectativa da culminância da novena. Único dia em que todos os espaços da Igreja do Santo Lenho, mais conhecida como Igreja da Ponte, eram total e absolutamente ocupados.

A guerra santa pela escolha de quem colocaria a coroa na cabeça da Virgem Nossa Senhora da Aparecida agitava as conversas do Viracanto e do Largo do Campo. Não era possível que fosse de novo a menina do Manuel Português, Padre Manolo que desculpasse, mas... No Grupo Escolar Augusto Nordeste, no Colégio Mariana Nordeste, na Faculdade Teresinha da Cruz Nordeste, todos espaços da Escola, preparavam-se as festividades: representações, desfiles, seminários, festival de comida, concurso de baile, concursos de batidas, leilão, bandeirolas, balões, rojões, fantasias... As donzelas, entre risos nervosos e comentários não menos, aguardavam, sequiosas, o momento do baile monumental. A festa prometia.

A lista do patrocínio, afixada na porta do templo, provocou escândalo: a coroação caberia, este ano, à filha de Austiclínia: a menina do Português, desta feita, teria de contentar-se com a palma... Padre Manolo, fiel aos novos tempos, abria seu coração aos novos ventos da democracia.

Libações

A caipirinha, redonda, a intervalos de queijos e beijos. Mãos curiosas, sedentas, percursos. Ousado o vinho e o discurso, pouco a pouco. E sempre, inquietas, excitadas, as mãos. Sendas de mistérios liberadas, entre palavras graves e risonhas. Um pouco além, o interdito. Na paisagem vista do aconchego, o vídeo, experiências, didatismos afrodisíacos. A luz, in media res, não mais. Prefiro assim, como no cinema... Os corpos deslizam suaves, para além da guarda, sinuosos. E as palavras de amor, salivas, águas moles, vésperas, emolientes. O anúncio do clímax ritmado e, de repente, a fuga, a amarga fluidez, a ânisa, o desespero, a busca, o nada. E a sentença, terrível, demolidora: – isso acontece... relaxe. Um desejo de morte adeja na penumbra. O álcool excita a cortical, mas inibe a medular. 44, coitado, não sabia.

Ladainha de maio

De repente, a voz de Austiclínia se destaca, no coro dessas vozes contritas, na penumbra dessa Igreja do Bom Jesus de Vera Cruz das Almas:
– Água nos dê Deus, que atalha os pecados do mundo...
E o coro, pleno de fé e emoção sincera:
– Orai pro nobis!
Padre Cavalcanti sorri da tradução e aprova com um balanço afirmativo de cabeça.
Bem-aventurados os simples, porque deles é o reino dos Céus.

Palestra-debate

O sábio psicólogo-jornalista deitava falação:
– Amar é encontrar-se pleno,
sem abdicação de essências.
Não é entrega, é troca.
Amar é preencher a falta.
A frescura repentina dos trinta anos quentes
desarticulou a audiência:
– Sabem do que gosto mesmo?
Mordidinha na nuca e palmadinha na bunda!
É o maior barato!

Debates

– Contra tudo isso que está aí! Vou restaurar, vou moralizar, vou recuperar, vou equilibrar, vou resguadar! Com Deus, com a família, com Vera Cruz, com a prosperidade!
– Vamos mudar, vamos realizar, vamos construir, vamos distribuir, vamos equilibrar, vamos caminhar juntos! Com o povo, com vocês, com a Igreja, com Vera Cruz das Almas!
O pleito prometia.
Toríbio Torto apressava-se no aumento do preço das bananas.

Arte de gênio

"Tavinho Tá: imperdível sua exposição de pintura. Ali, na Galeria V. Quem não lembra dos mamilos, das mamadeiras, do pênis denteado de tanto sucesso, das palmeiras sem folhas, das canetas pontiagudas, sempre em branco e preto, flutuantes no porta--níquel do fundo? Era o Tavinho Tá parafrástico e parodístico da chamada "fase erótico-política". Os tempos exigiam. Eram dias negros em Vera Cruz. Tempos de Logucedo, O Paranoico. Vinte e cinco anos depois, experimentado no mesmo percurso do cru, do erótico e do grotesco, Tavinho, o nosso Tavinho, abandona tudo, para começar de novo: "Na verdade, eu não gostava do que fazia. Sempre achei a minha pintura péssima, apesar da consagração da crítica e dos prêmios de viagem, principalmente a crítica do *Espírito*, a única que respeito. Vivi, sabe, e a vida ensina. Paris, Israel, o Pantanal – ah, o Pantanal! – esses lugares fazem a cabeça da gente!" E aí está, a sua nova fase, de mal/bem com o pictórico. Nas propostas de agora não há como encontrar qualquer princípio estético, qualquer padrão de escola, qualquer apuro técnico. Os quadros não provocam nenhum impacto, nenhuma sensação de prazer, nenhuma emoção. Por isso, a sua importância. Esse despojamento, essa despreocupação com a pintura-em-si, esse desapego ao hedonismo – arte é choque, ele já teve ocasião de dizer – tudo isso é a marca do novo tempo taviniano, marca que o faz um dos mais representativos artistas da contemporaneidade veracruzalmense. Continua fiel aos pênis e às mamadeiras. Só que alternando o preto e o branco, o acobreado e o amarelo-pálido, com ligeiros vislumbres de azul suave, rosa choque e roxo. O nosso dublê de pintor e jornalista chegou lá: aos espaços maiores da não pintura metafísica".

(Texto de Alfredinho de Lys, responsável pela coluna de arte de *O Espírito*, durante a licença de J. de Cecéu)

Esprit de corps

Ali estão.
Rigorosamente perfilados.
Um ao lado do outro.
Sem distinção de raça, credo, cor, sexo, profissão, ideologia, posição social.
O mesmo espaço para cada um, com pequena diferença de centímetros.
A mesma postura, sem qualquer deslize, igualados, estáticos, horizontalizados. A última e definitiva lição de democracia.
Sem obstrução.
Até o dia do Juízo Final, quando haverá choro e ranger de dentes.
Os coveiros, indiferentes, bebem cerveja preta no intervalo.

A glória que fica

Lido nos clássicos, o romancista-sociólogo-psicanalista, preocupado com a cultura das futuras gerações, registrou em cartório seu epitáfio, à maneira do poeta Névio:
"Se aos imortais fosse permitido chorar os mortais, os anjos divinos chorariam este Homem de Letras e Ciência. Depois que Ele morreu, esqueceram-se, em Vera Cruz das Almas, de escrever em língua portuguesa. Reverenciai-O."

Fez questão das maiúsculas.
Morreu.
Os anjos continuaram indiferentes.
Os mortais seguiram conversando e redigindo.
E muito pouca gente tomou conhecimento do epitáfio.
E muito menos dos seus livros.

A vida não é mais do que o tempo de viver.

Fratura

O dia, aquele. Partir era preciso. Não sabia bem por quê. E foi. Para longe de Vera Cruz, menino. As calças curtas revelaram-se inadaptadas. De repente, calças compridas, virou homem. E chorou durante dois longos meses a perda da infância. Longe. E descobriu o mundo, para além das praias e das árvores de Vera Cruz. Muito aprendeu, muito conviveu, mas esquecer jamais. As tranças louras da filha de Austiclínia chamavam, na memória. As narinas exigiam o cheiro bom da maresia, os olhos ansiavam pelos cavalos-marinhos, a pele queria o mar, o sal do mar e o vento. O homem regressou. Para o reencontro. A filha de Austiclínia esperava, na saída das barcas, os cabelos livres, ao sabor do Nordeste manso que agitava a tarde.

Os tempos

Lá está Toríbio, seus anos, sua experiência. Na esquina primeira do Viracanto. O carrinho, sempre. Menos banana, menos espaço, agora. As barbas, brancas.
– 'dia Toríbio! Tudo bem?
– Nos conformes, Dona Neném, como Deus é servido...
A vida e sua inexorabilidade, diante desses olhos fatigados, mas lúcidos, acesos.
A neta de Austiclínia, o filho no colo, um sorriso. As meninas da Casa das Sidras, luzes nas calçadas ruidosas, carregadas de sensualidade.
Outros, os tempos. Toríbio procura. Cecéu, Austiclínia, Logucedo, Zé com Fome, memórias. Estão todos dormindo. É cedo ainda. Logo, com eles, lembranças, recordações. A vida, sobretudo no espaço das palavras. Olhos fechados, a fumaça do cigarro desenha arabescos. Um bem-te-vi grita no flamboyant adornado de vermelho vivo. O cigarro é atirado longe, no susto. Cigarras enfeitam a claridade solar da rua, o saibro. Zie-zieziezi-zieziezi...
Ninguém ousa comprar suas bananas, a cota do dia superada. No carrinho preguiçoso, o alimento do seu cotidiano. Dentro das casas, a vida flui, guiada pelos aparelhos de televisão.
Lá fora, o vento Nordeste, em sua ronda, as marés, o sol, a chuva, as ardentias, a poeira das ruas e das memórias...

Sobre o autor

DOMÍCIO PROENÇA FILHO é, além de ficcionista, poeta, professor, crítico, roteirista e autor de projetos culturais.

Nasceu no Rio de Janeiro. É filho de Domício Proença e Maria de Lourdes Proença. Fez o curso primário na Ilha de Paquetá, na escola pública Joaquim Manuel de Macedo e o ginasial e clássico no Colégio Pedro II – Internato, que o agraciou com o título de Aluno Eminente. É Bacharel e Licenciado em Letras Neolatinas pela antiga Faculdade Nacional de Filosofia da Universidade do Brasil, com curso de especialização em Língua e Literatura espanhola também pela antiga Faculdade Nacional de Filosofia da Universidade do Brasil; Doutor e Livre-Docente em Literatura Brasileira pela Universidade Federal de Santa Catarina; Professor Titular e Emérito da disciplina na Universidade Federal Fluminense, com inúmeros cursos ministrados em outros centros universitários no país e no exterior, em especial na Alemanha, na Universidade de Colônia e na Escola Técnica de Altos Estudos, em Aachen, como Professor Titular Convidado (*Gastprofessor*). Exerceu também o magistério de Língua Portuguesa em inúmeros estabelecimentos de ensino médio e de ensino superior no Brasil, entre eles o Colégio Pedro II, a PUC-RJ, a Faculdade de Letras da UFRJ e a Universidade Santa Úrsula.

Foi Diretor de Texto da *Enciclopédia Século XX*, para a qual escreveu também os verbetes de Teoria Literária e de Literatura Brasileira.

É autor do Projeto Bienal Nestlé de Literatura, o qual coordenou nas duas primeiras concretizações (1982 e 1984).

Foi agraciado com a Medalha Tiradentes, do Estado do Rio de Janeiro, com a Medalha Pedro Ernesto, da Cidade do Rio de Janeiro, com a Medalha do Mérito Tamandaré, da Marinha do Brasil, com a Medalha do Mérito Naval e com o título de Cidadão de Minas Gerais. Há duas bibliotecas com seu nome, na Ilha de Paquetá.

Recebeu, entre outros, os seguintes prêmios: Personalidade Cultural do Ano, da Associação Paulista de Críticos de Arte (APCA), 1982; Personalidade Cultural do Ano, da Associação Brasileira de Escritores do Rio de Janeiro, 1992; Prêmio Raça Negra, pelo conjunto da obra, concedido pela Afrobras, 2000; Personalidade Educacional do Ano, 2011 e 2012, concedido pela Associação Brasileira de Imprensa e o jornal *Folha Dirigida*, Prêmio São Sebastião de Cultura – Ação Cultural – 2014, da ACARJ.

É membro, entre outras instituições, da Academia Brasileira de Letras, da Academia Brasileira de Filologia, e do PEN Club do Brasil, da Academia Carioca de Letras, da Academia de Artes, Ciências e Letras da Ilha de Paquetá, do Círculo Literário da Marinha do Brasil. É Acadêmico Correspondente da Academia das Ciências de Lisboa.

Obras publicadas

Ficção

Breves estórias de Vera Cruz das Almas. Rio de Janeiro: Fractal, 1991. Primeiro lugar na categoria contos no concurso literário da Fundação Cultural de Brasília, 1991.

Estórias da mitologia: o cotidiano dos deuses. Rio de Janeiro: Leviatã, 1994.

Capitu – memórias póstumas. Rio de Janeiro: Artium 1998; 3. ed. Rio de Janeiro: Record, 2005.

Estórias da mitologia I: eu, Zeus, o Senhor do Olimpo. São Paulo: Global, 2000; 2. ed. 2010.

Estórias da mitologia II: nós as deusas do Olimpo. São Paulo: Global, 2000.

Estórias da mitologia III: Os deuses menos o pai. São Paulo: Global, 2000.

Capitu-memorie postume. Cagliari: Fabula, 2006.

Poesia

O cerco agreste. Belo Horizonte: Comunicação, 1979.

Dionísio esfacelado (Quilombo dos Palmares). Rio de Janeiro: Achiamé, 1984.

Oratório dos inconfidentes: faces do verbo. Rio de Janeiro: Leo Christiano, 1989. Ilustrado com inéditos de Portinari.

O risco do jogo. São Paulo: Prumo, 2013.

Textos paradidáticos

Estilos de época na Literatura. Rio de Janeiro: Ediex, 1967. 20. ed. revista. São Paulo: Prumo, 2012.

Língua portuguesa, literatura nacional e a reforma do ensino. Rio de Janeiro: Liceu, 1974.

Ofícios perigosos: antologia de contos de Edilberto Coutinho. (Sel. e apres.) Porto Alegre: Mercado Aberto, 1989.

Pós-modernismo e Literatura. São Paulo: Ática, 1978. 2. ed., 1995.

O Livro do seminário. 1ª Bienal Nestlé de Literatura Brasileira. (Org., pref. e notas). São Paulo: LR Editores, 1983.

Seminário 1. Literatura Brasileira: crônica, teatro, crítica. 2ª Bienal Nestlé de Literatura Brasileira (1984). Colaboração de Roberto Acízelo Quelha de Souza.

Seminário 2. Literatura Brasileira: interpretação e leitura do texto literário. 2ª Bienal Nestlé de Literatura Brasileira (1984). Colaboração de Roberto Acízelo Quelha de Souza.

A poesia dos Inconfidentes. Toda a poesia de Tomás Antônio Gonzaga, Cláudio Manuel da Costa e Alvarenga Peixoto. (Org.). Rio de Janeiro: Nova Aguilar, 1996. 2. ed. 2002.

Um cartão de Paris. Crônicas de Rubem Braga. (Org e apres.). Rio de Janeiro: Record, 1997.

Aventuras. Crônicas de Rubem Braga. (Sel., org. e apres.) Rio de Janeiro: Record, 2000.

Novas seletas: João Ubaldo Ribeiro. (Org., apres. e notas). Rio de Janeiro: Nova Fronteira, 2004.

A linguagem literária. São Paulo: Ática, 1986. 8.ed. 2011.

Noções de gramática em tom de conversa. São Paulo: Ed. do Brasil, 2003.

Por dentro das palavras da nossa língua portuguesa. Rio de Janeiro: Record, 2003.

Os melhores contos de Machado de Assis.(Org., estudo crítico). 15.ed. rev. e ampl. São Paulo: Global, 2004.

Pequena antologia do Braga. (Sel., org.e apres.) Rio de Janeiro: Record, 1997. 7. ed. 2004.

O Arcadismo. (Org.) São Paulo: Global, 2006.

Concerto a quatro vozes. Poemas de Adriano Espínola, Antonio Cícero, Marco Lucchesi e Salgado Maranhão. (Org. e estudo crítico). Rio de Janeiro: Record, 2006.

Nova ortografia da língua portuguesa: guia prático. Rio de Janeiro: Record, 2010.

Nova ortografia: Manual de consulta. Rio de Janeiro: Record, 2012.

Textos didáticos

Português 1. Rio de Janeiro: Liceu, 1969. Col. Maria Helena Marques.

Português 2. Rio de Janeiro: Liceu, 1969. Col. Maria Helena Marques.

Português 3. Rio de Janeiro: Liceu, 1970. Col. Maria Helena Marques.

Português 4. Rio de Janeiro: Liceu, 1970.

Português 5. Rio de Janeiro: Liceu, 1971.

O livro do professor. Rio de Janeiro: Liceu, 1971. 4 v.

Português e literatura. Rio de Janeiro: Liceu, 1974.

Comunicação em português. 5ª série. São Paulo: Ática, 1979.

Comunicação em português. 5ª série. Livro do Professor. São Paulo: Ática, 1979.

Comunicação em português. 6ª série. São Paulo: Ática, 1979.

Comunicação em português. 6ª série. Livro do Professor. São Paulo: Ática, 1979.

Comunicação em português. 7ª série. São Paulo: Ática, 1979.

Comunicação em português. 7ª série. Livro do Professor. São Paulo: Ática, 1979.

Comunicação em português. 8ª série. São Paulo: Ática, 1979.

Comunicação em português. 8ª série. Livro do Professor. São Paulo: Ática, 1979.

Língua portuguesa, comunicação, cultura. São Paulo: Editora do Brasil, 2004. 4 v.

Língua portuguesa, comunicação, cultura. Livro do Professor. São Paulo: Editora do Brasil, 2004. 4 v.

Crítica

Monografias das áreas de Teoria Literária e de Literatura Brasileira da *Enciclopédia Século XX*. Rio de Janeiro: José Olympio; Expressão e Cultura, 1969. 5.v.

Manuel Antonio de Almeida. In: CASTRO, Sílvio. (Dir.) *História da Literatura Brasileira*. Lisboa: Alfa, 1999, cap. 21 – A narrativa romântica brasileira.

Visconde de Taunay. In: _____. Cap. 21 – A narrativa romântica brasileira.

Aluísio Azevedo. In: _____. Cap.28 – O Realismo no romance.

Graça Aranha e a contiuidade da prosa impressionista. In: _____. Cap. 34.

Roteiro

Idealização e roteirização da série radiofônica "No caminhos da comunicação". Cem programas sobre língua portuguesa. Rádio MEC.

Idealização e roteirização da série radiofônica "Os romances de Erico Verissimo". Cinco programas. Rádio MEC.

Idealização com Maria Eugênia Stein e orientação de conteúdos do filme *Português, a língua do Brasil*. Dirigido por Nelson Pereira dos Santos.

Curadoria

Exposição "Mário no Rio". Homenagem a Mário de Andrade. Biblioteca Nacional, Rio de Janeiro.

Exposição "O Naturalismo no Brasil". Fundação Casa de Rui Barbosa.

Obras de Domício Proença Filho publicadas pela Global:

Estórias da mitologia 1 –
Eu, Zeus, o Senhor do Olimpo

O presente livro integra a série Estórias da Mitologia. Este volume, o primeiro, traz o depoimento de Zeus, Júpiter para os romanos, o Pai dos Deuses. O Senhor do Olimpo nos dá uma visão pessoal de sua própria história e permite tecer alguns comentários sobre o que se vem afirmando sobre sua significação ao longo dos tempos.

Estórias da mitologia 2 –
Nós, as Deusas do Olimpo

O segundo volume da série Estórias da Mitologia traz o depoimento das Deusas Olímpicas – Hera, Ártemis, Atenas, Afrodite, Héstia, Deméter, que os romanos chamam Juno, Diana, Minerva, Vênus, Vesta e Ceres – que apresentam a visão pessoal de suas próprias histórias.

Estórias da mitologia 3 –
Os Deuses, menos o Pai

O terceiro volume da série Estórias da Mitologia traz o depoimento dos Deuses Olímpicos Baco, Hermes, Febo, Ares e Hefestos, que os romanos chamavam, respectivamente, Líber, Mercúrio, Apolo, Marte e Vulcano. Eles apresentam a visão pessoal de suas próprias histórias.

GRÁFICA PAYM
Tel. [11] 4392-3344
paym@graficapaym.com.br